DESCUBRAMOS PAÍSES DEL MUNDO

Descubramos IRLANDA

Kathleen Pohl

Consultora de lectura: Susan Nations, M.Ed.,
autora, consultora de alfabetización/consultora de desarrollo de la lectura

Gareth Stevens
PUBLISHING

Please visit our website, www.garethstevens.com.
For a free color catalog of all our high-quality books,
call toll free 1-800-542-2595 or fax 1-877-542-2596.

Library of Congress Cataloging-in-Publication Data available upon request from the publisher.

ISBN-10: 0-8368-8783-2 ISBN-13: 978-0-8368-8783-9 (lib. bdg.)
ISBN-10: 0-8368-8790-5 ISBN-13: 978-0-8368-8790-7 (softcover)

This edition first published in 2008 by
Gareth Stevens Publishing
2544 Clinton Street
Buffalo, NY 14224

Senior Managing Editor: Lisa M. Guidone
Senior Editor: Barbara Bakowski
Creative Director: Lisa Donovan
Designer: Tammy West
Photo Researcher: Sylvia Ohlrich

Spanish edition produced by A+ Media, Inc.
Editorial Director: Julio Abreu
Chief Translator: Adriana Rosado-Bonewitz
Associate Editors: Janina Morgan, Rosario Ortiz, Bernardo Rivera, Carolyn Schildgen
Graphic Designer: Faith Weeks

Photo credits: (t=top, b=bottom, l=left, r=right, c=center)

Cover Will & Deni McIntyre/Corbis; title page Peter Adams Photography/Alamy; p. 4 Derek Croucher/Alamy; p. 6 Nagelestock.com/Alamy; p. 7t Michael Diggin/Alamy; p. 7b scenicireland.com/Christopher Hill Photographic/Alamy; p. 8 Peter Titmuss/Alamy; p. 9t Nagelestock.com/Alamy; p. 9b Daniel Barillot/Masterfile; p. 10 Isifa Image Service s.r.o./Alamy; p. 11t Marmaduke St. John/Alamy; p. 11b Christian Kober/Alamy; p. 12t Bill Bachmann/Alamy; p. 12b Dennis Cox/Alamy; p. 13t WireImageStock/Masterfile; p. 13b Authors Image/Alamy; p. 14t Will & Deni McIntyre/Corbis; p. 14b AA World Travel Library/Alamy; p. 15t David Lyons/Alamy; p. 15b Ingolf Pompe/Aurora Photos; p. 16 Art Kowalsky/Alamy; p. 17t SC Photos/Alamy; p. 17b Liam White/Alamy; p. 18 Searagen/Alamy; p. 19t Peter Adams Photography/Alamy; p. 19b Ros Drinkwater/Alamy; p. 20t Paul Lindsay/Alamy; p. 20b Foodfolio/Alamy; p. 21 Ralph A. Clevenger/Corbis; p. 22t Liam White/Alamy; p. 22b Gideon Mendel/Corbis; p. 23t Bill Bachmann/Alamy; p. 23b Marshall Ikonography/Alamy; p. 24 Julian Herbert/Getty Images; p. 25t scenicireland.com/Christopher Hill Photographic/Alamy; p. 25b Michael Diggin/Alamy; p. 26 Paul Thompson Images/Alamy; p. 27t Richard Naude/Alamy; p. 27b Javier Larrea/SuperStock

Printed in the United States of America

1 2 3 4 5 6 7 8 9 11 10 09 08 07

Contenido

Las palabras definidas en el glosario están impresas en **negritas** la primera vez que aparecen en el texto.

¿Dónde está Irlanda?

Irlanda es un país pequeño en el noroeste de Europa. Abarca la mayoría de una isla del océano Atlántico. Una pequeña área de la isla, al noreste, se llama Irlanda del Norte. Irlanda del Norte es parte de un país diferente, el Reino Unido.

¿Lo sabías?

Gran Bretaña una vez gobernó toda Irlanda. Ese país ahora es el Reino Unido.

La Oficina de Aduanas en Dublín, la capital de Irlanda, alberga las oficinas de gobierno.

Una corriente oceánica calienta las aguas del norte del Atlántico, lo que mantiene templado el clima de Irlanda.

Este mapa muestra los lugares mencionados en este libro.

Al este, el mar de Irlanda separa a Irlanda de la isla de Gran Bretaña. El océano Atlántico rodea Irlanda al sur, oeste y noroeste.

Irlanda es una **república** independiente. Está dividida en 26 **condados**. La capital, y la ciudad más grande, es Dublín. Oficinas de gobierno, teatros y universidades ocupan sus calles.

El paisaje

El campo es tan verde que a Irlanda también la llaman **Isla Esmeralda**. Significa isla verde. Tierras de labranza y **turberas** cenagosas componen buena parte de Irlanda. Las turberas son áreas de tierra suave y húmeda con plantas en descomposición.

Las montañas se elevan a lo largo de las costas. El pico más elevado es Carrantuohill en el sudoeste.

La isla de Achill está frente a la costa oeste de Irlanda. Tiene altos acantilados y playas arenosas. También tiene granjas y pueblos pequeños.

Los acantilados empinados de Moher están en el condado de Clare en el oeste de Irlanda.

¿Lo sabías?

Irlanda tiene más de 12,000 lagos. Las intensas lluvias cada año los sustentan.

Se disfruta de la pesca y los deportes acuáticos en los lagos. La palabra irlandesa "lough" significa lago.

En Irlanda hay muchas playas arenosas y pequeñas islas. También hay miles de lagos. El río más grande es el río Shannon, que cruza el país.

Climа y estaciones

Los irlandeses a menudo dicen que su país tiene cuarenta variaciones de verde. Es tan verde gracias a las lluvias que caen casi todos los días. Las brisas marinas hacen que su clima sea templado y húmedo.

En las tierras bajas de Irlanda caen unas 35 pulgadas (900 milímetros) de lluvia al año. En las más altas, caen hasta 100 pulgadas (2,500 mm) al año.

Los meses más soleados y secos son abril, mayo y junio. En esos meses, la mayor parte de Irlanda recibe unas seis horas de luz solar al día. Diciembre es el mes más oscuro, con sólo alrededor de una hora de sol al día.

¿Lo sabías?

La lluvia cae como un fino rocío. Esos días se llaman "días suaves".

La mayoría de los días llueve en Irlanda.

Las leyendas hablan de una olla de oro al final de cada arco iris.

Al igual que Estados Unidos, Irlanda tiene cuatro estaciones. Todas son templadas. La temperatura promedio de verano es de 59° Fahrenheit (15° Celsius). En invierno es de 41° F (5° C). En comparación con las costas, las áreas interiores son más cálidas en verano y más frías en invierno.

La mucha lluvia mantiene verde el campo irlandés.

Los irlandeses

Unos cuatro millones de personas viven en la República de Irlanda. Hoy, Irlanda es una mezcla de **culturas** que han venido de otras partes de Europa durante miles de años.

Un grupo de personas llamado celtas llegaron a Irlanda hace más de dos mil años. Ellos trajeron sus leyes, costumbres e idioma. El irlandés, hablado por miles de irlandeses hoy en día, proviene del idioma de los celtas.

Las ruinas de viejos castillos y fuertes son recuerdos del pasado de Irlanda.

Las señales viales aparecen en irlandés e inglés, los dos idiomas principales de Irlanda.

¿Lo sabías?

El día de San Patricio es una fiesta nacional en Irlanda. San Patricio es un santo importante para la gente católico romana del país.

La gente sale a las calles para ver el desfile del Día de San Patricio en Dublín.

Para los irlandeses la religión, la familia y el país son muy importantes. La mayoría son católico romanos. Muchos otros pertenecen a iglesias protestantes. Los desacuerdos entre protestantes y católicos en Irlanda e Irlanda del Norte ocasionaron luchas durante muchos años.

Escuela y familia

En la República de Irlanda, los niños de seis a 15 años tienen que ir a la escuela. El día escolar dura de 6 a 7 horas. Los niños van a la escuela de lunes a viernes.

La escuela primaria es para estudiantes de hasta 12 años. Estudian matemáticas, lectura, escritura, computación, religión e historia y cultura irlandesas. Las clases son en inglés pero también aprenden irlandés. Después de la escuela algunos practican deportes como tenis y fútbol. Otros toman clases de baile o música.

Muchos niños van a escuelas dirigidas por la iglesia católica. Los estudiantes en esta escuela suelen usar uniformes.

Los niños disfrutan de deportes después de la escuela. El rugby es de los favoritos.

Después de la primaria, los estudiantes van a la secundaria. Muchos continúan con la universidad o se capacitan para el trabajo.

Los jóvenes viven en casa hasta casarse. Las familias comen y van a la iglesia juntas. También se reúnen para celebrar cumpleaños y fiestas.

Una familia promedio está compuesta por dos padres y tres o cuatro hijos.

Las familias celebran fiestas como el día de San Patricio.

¿Lo sabías?

Irlanda tiene unos 4 millones de habitantes. ¡Pero hay más ovejas que personas!

Vida rural

Durante cientos de años, la mayoría de los irlandeses vivieron y trabajaron en el campo. Hoy, menos de la mitad de la población vive en granjas y pueblos.

La mayoría de las granjas son propiedades familiares pequeñas. Los cultivos principales son papas, granos, remolachas y nabos. Algunos granjeros crían ovejas, caballos y ganado vacuno.

En los pueblos la gente trabaja en panaderías, tiendas y **cantinas**. Otros tejen suéteres o elaboran encajes para venderlos a los **turistas**.

Los niños ayudan a cuidar los animales.

Algunos pobladores tejen finos encajes o crean otros artículos a mano. Los venden a los turistas.

Los pescadores pescan bacalao y otros peces frente a la costa.

En las calles de muchos pueblos hay cantinas, mercados y tiendas. Casi siempre hay una iglesia en el centro.

Cerca de las costas, los lagos y ríos de Irlanda muchas personas viven de la pesca. Pescan trucha, salmón, bacalao y otros tipos de peces.

Casi todos los pueblos irlandeses tienen una iglesia. La vida de la comunidad gira en torno a la iglesia.

¿Lo sabías?

En la década de 1840 una enfermedad mató casi todas las plantas de papa. Casi un millón de personas murió. Se le llamó la Gran **Hambruna**.

Vida urbana

Hoy, más de la mitad de los irlandeses viven en ciudades o cerca de ellas. Dublín es la capital. También es la ciudad más grande de Irlanda. Dublín es el centro de gobierno y cultura. Ahí vive más de un millón de personas.

Hay edificios modernos de apartamentos y oficinas en Dublín. Ahí está la universidad más antigua de Irlanda. Hay muchas iglesias antiguas y un castillo del siglo XIII.

¿Lo sabías?

Uno de los libros más antiguos del mundo es el Libro de Kells. Está en el Trinity College en Dublín.

Autos, autobuses, taxis y personas llenan las calles de Dublín.

Este puente cruza el río Liffey en Dublín.

La gente cruza el mar de Irlanda en transbordador.

El río Liffey fluye a través de Dublín, que es el **puerto** más activo de Irlanda. La segunda ciudad más grande del país, Cork, es un puerto importante del río Lee. Otros puertos importantes son Galway y Limerick.

En las ciudades concurridas, mucha gente va al trabajo en autobús o taxi. Los aeropuertos principales están en Dublín, Shannon y Cork. Los **transbordadores** viajan por mar, de Irlanda a la Gran Bretaña.

Casas irlandesas

La mayoría de las casas son de ladrillo o cemento. Esos materiales soportan bien la lluvia, que cae a menudo en Irlanda. Una casa típica tiene de 4 a 7 habitaciones.

En Dublín, mucha gente vive en casas adosadas de ladrillo. Se construyen una junta a la otra. Otra gente vive en edificios altos de apartamentos o en casas grandes y modernas fuera de la ciudad.

¿Lo sabías?

Quizá no pienses que un castillo sea una casa. Pero en el Castillo de Kilkea ha vivido gente desde que se construyó hace más de 800 años. Hoy es un hotel.

En Dublín y otras ciudades, mucha gente vive en casas como éstas.

En el campo, hay quien vive en cabañas de piedra con **techos de paja**. Los techos de muchas casas de campo modernas son **empizarrados** o de tejas. Las granjas grandes son de bloques de cemento o ladrillo.

Las cabañas de piedra se ven por el campo. La mayoría tiene techos de pasto y paja.

Muchas casas son de piedra, ladrillo y cemento. Esos materiales aguantan bien el clima lluvioso de Irlanda.

Comida irlandesa

En general las comidas irlandesas son abundantes. A menudo comen papas. Para el desayuno comen huevos, tocino, salchichas, papas y tomates. A veces el desayuno es simple: cereal y pan tostado.

Un almuerzo común es puerco con col y papas hervidos. El estofado irlandés es un plato popular. Incluye cordero y verduras. Los nabos, panes y productos de leche también son alimentos comunes.

La gente disfruta cenar con amigos en los restaurantes locales.

El estofado y el pan integral forman un almuerzo sabroso.

La hora del té es una costumbre diaria. La mayoría de la gente bebe 3 o 4 tazas de té al día.

¿Lo sabías?

Muchos irlandeses toman el té a media mañana o por la tarde. Al final de la tarde o principio de la noche toman el *high tea* (merienda-cena).

Mucha gente disfruta de una taza de té cuando comen pasteles, tartas y **bollos**. Los bollos son panecillos servidos con mantequilla o mermelada.

Cuando los irlandeses comen fuera de la casa, les gusta el pescado con papas. Este plato popular incluye pescado y papas fritas. Muchos se reúnen en las cantinas, donde comen, beben y conviven con los amigos.

El trabajo

Más de la mitad de la población trabaja en los sectores de salud, gobierno, educación o turismo. Trabajan en hospitales, escuelas, tiendas, bancos y restaurantes.

¿Lo sabías?

Cada año, más de seis millones de turistas visitan Irlanda.

Irlanda es líder mundial en computadoras y medicina. Sus trabajadores fabrican finos cristales, cemento, lino, encaje y artículos de lana.

El cristal de fama mundial se hace en la ciudad de Waterford.

Una trabajadora arma computadoras en una fábrica de Limerick.

Una guía con disfraz habla a los turistas acerca del castillo de Bunratty.

Este campesino usa una pala de madera para cavar la turba.

La pesca, la agricultura y la minería son otros negocios importantes. Hay quien corta, seca y vende la turba. Está hecha en parte de plantas podridas. Se usa como combustible y en jardines. Irlanda **exporta**, o envía a otros países, grandes cantidades de ciertos metales.

La diversión

A muchos irlandeses les gustan los deportes. El **fútbol gaélico** es un deporte muy antiguo que siguen practicando. Se parece mucho al fútbol, pero se puede tocar la pelota. Otro deporte popular es el **hurling** (lanzamiento). Se parece al hockey sobre pasto pero más rápido. El fútbol es el favorito. La selección nacional ha participado en la Copa Mundial.

¿Lo sabías?

Los irlandeses son muy buenos narradores. Muchos poetas y escritores famosos son irlandeses.

A los irlandeses también les gustan las carreras de caballos. El Derby irlandés del Condado de Kildare es una carrera famosa.

Cada año, mucha gente ve el Derby irlandés.

Las bailarinas irlandesas usan coloridos trajes y zapatos especiales.

Los visitantes disfrutan los jardines del Castillo Birr. Ha sido el hogar de una familia por más de 500 años.

A los irlandeses les gusta escuchar y bailar la música folclórica. También les gustan los conciertos y el teatro. Las actividades al aire libre incluyen caminatas, bicicleta, pesca, navegación y montar a caballo. Disfrutan visitar las costas y explorar castillos y fuertes.

Irlanda: Datos

• El inglés y el irlandés son dos idiomas de Irlanda. El inglés es el que se usa más en las conversaciones diarias.

• Irlanda es una república. Su presidente es el **jefe de estado**. Un primer ministro maneja los asuntos diarios del gobierno.

• Toda Irlanda una vez fue gobernada por Gran Bretaña. En 1921, Irlanda se dividió en dos. Irlanda del Norte siguió siendo de Gran Bretaña. (A Gran Bretaña y a Irlanda del Norte se les llama Reino Unido.) El sur de Irlanda se convirtió en el Estado Libre Irlandés. En 1949, se convirtió en la República de Irlanda.

• Las personas con un mínimo de 18 años pueden votar en las elecciones nacionales.

• La bandera de la República de Irlanda tiene tres franjas. Son verde, blanca y anaranjada. La verde representa a los católico romanos. La franja anaranjada representa a los protestantes. La blanca es el símbolo de la esperanza de paz entre los dos grupos.

La bandera de Irlanda tiene franjas verde, blanca y anaranjada.

• Irlanda pertenece a un grupo de países llamado Unión Europea. La mayoría de esos países, incluso Irlanda, usa la misma moneda o dinero. Se llama **euro**. Los billetes son iguales en esas naciones. El frente de las monedas de euros son iguales, pero los reversos son diferentes. Cada país tiene su propio diseño. Las monedas irlandesas muestran un arpa. Es símbolo del amor que le tienen a la música.

En el reverso del euro irlandés hay un arpa. Es un símbolo de Irlanda.

¿Lo sabías?

El trébol es un símbolo de Irlanda. Se dice que esta planta verde de tres hojas trae buena suerte.

Shamrock proviene del irlandés y significa "trébol pequeño".

Glosario

bollos – panecillos en general cortados en triángulos

cantinas – lugares populares de reunión donde se come, bebe y convive con familiares y amigos

condados – regiones o distritos en un estado o país

culturas – las formas de vivir, creencias y artes de naciones o grupos de personas

empizarrado – tipo de roca que se separa fácilmente en losas para el techo

euro – la moneda o dinero usado por muchas de las naciones-miembro de la Unión Europea

exportar – vender y enviar productos a otros países

fútbol gaélico – antiguo deporte de Irlanda que se parece al fútbol, pero los jugadores pueden tocar la pelota

hambruna – gran falta de alimentos

hurling – antiguo deporte en Irlanda parecido al hockey sobre pasto pero más rápido

Isla Esmeralda – un sobrenombre de Irlanda que proviene del verde de la joya llamada esmeralda

jefe de estado – representante principal de un país

puerto – pueblo o ciudad donde los barcos cargan o descargan productos

república – tipo de gobierno en el que las decisiones las toma la gente del país y sus representantes

techos de paja – techos hechos de pasto tejido o juncos

transbordadores – barcos usados para transportar por agua personas, vehículos y productos

turberas – áreas de tierras húmedas y pantanosas con plantas en descomposición

turistas – personas que viajan por diversión a distintos lugares

Para más información

Enchanted Learning: Zoom School
www.zoomschool.com/europe/ireland

Information About Ireland
www.ireland-information.com/freegames.htm

KidsKonnect: Ireland Fast Facts
www.kidskonnect.com/Ireland/IrelandHome.html

Travel the World With A to Z Kids Stuff: Ireland
www.atozkidsstuff.com/ireland.html

Nota del editor para educadores y padres: Nuestros editores han revisado meticulosamente estos sitios Web para asegurarse de que sean apropiados para niños. Sin embargo, muchos sitios Web cambian con frecuencia, y no podemos asegurar que el contenido futuro de los sitios seguirá satisfaciendo nuestros estándares altos de calidad y valor educativo. Se le advierte que se debe supervisar estrechamente a los niños siempre que tengan acceso al Internet.

Mi mapa de Ireland

Fotocopia o calca el mapa de la página 31. Después escribe los nombres de los países, extensiones de agua, regiones, ciudades, y partes sobre tierra que se listan a continuación. (Mira el mapa que aparece en la página 5 si necesitas ayuda.)

Después de escribir los nombres de todos los lugares, ¡colorea el mapa con crayolas!

Países
Irlanda
Irlanda del Norte
(Reino Unido)

Extensiones de agua
océano Atlántico
mar de Irlanda
río Lee
río Liffey
río Shannon

Condados
Clare
Kildare

Ciudades y pueblos
Cork
Dublín
Galway
Limerick
Shannon
Waterford

Islas y grupos de islas
isla de Achill

Regiones y montañas
Carrantuohill
Acantilados de Moher

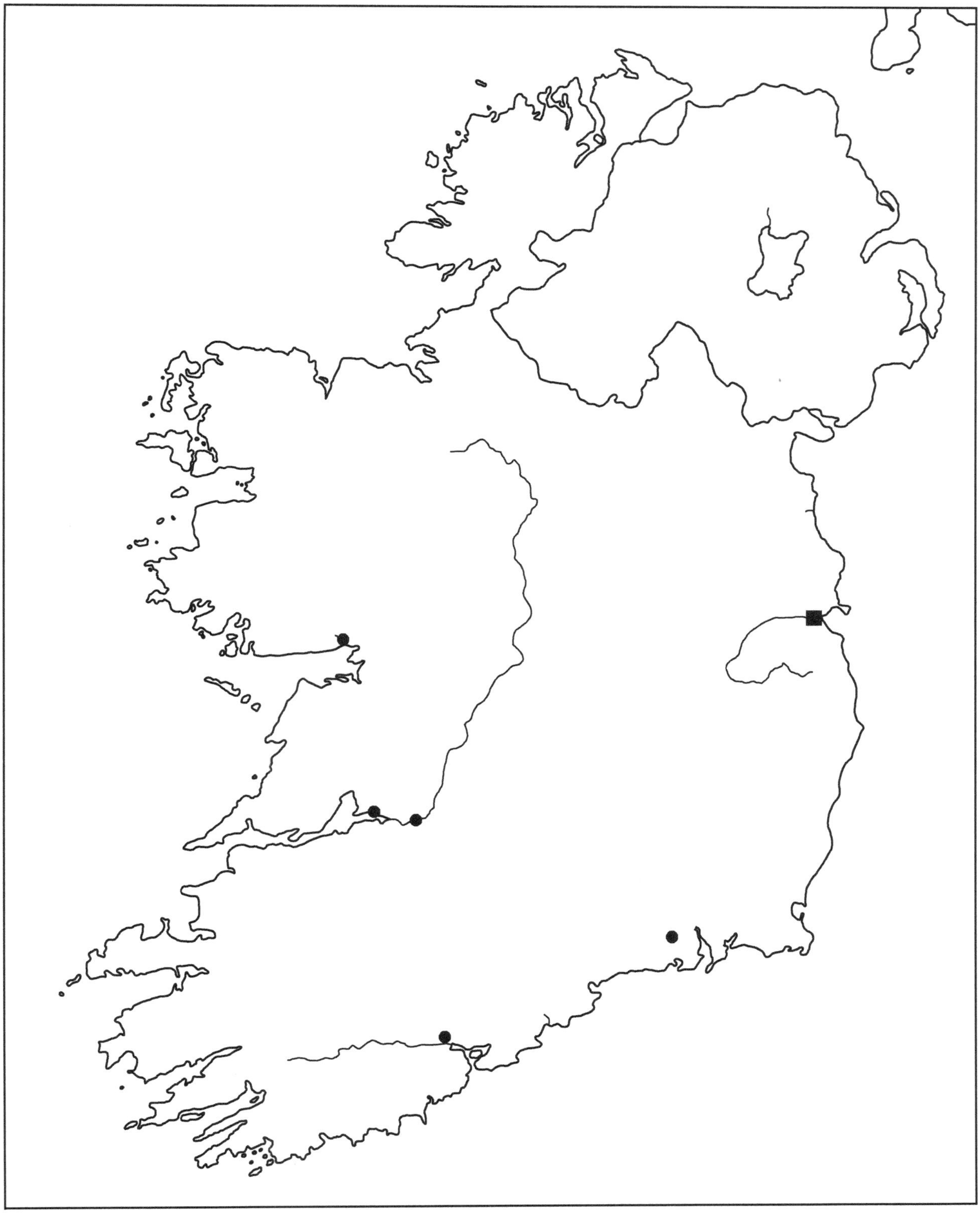

Índice